Impressum
Verlag: BABADADA GmbH, Nedderfeld 112 , 22529 Hamburg
Geschäftsführer / Verlagsleitung: Harald Hof
Druck: Books on Demand GmbH, In de Tarpen 42, 22848 Norderstedt

Imprint
Publisher: BABADADA GmbH, Nedderfeld 112 , 22529 Hamburg, Germany
Managing Director / Publishing direction: Harald Hof
Print: Books on Demand GmbH, In de Tarpen 42, 22848 Norderstedt

colegio
sekolahan

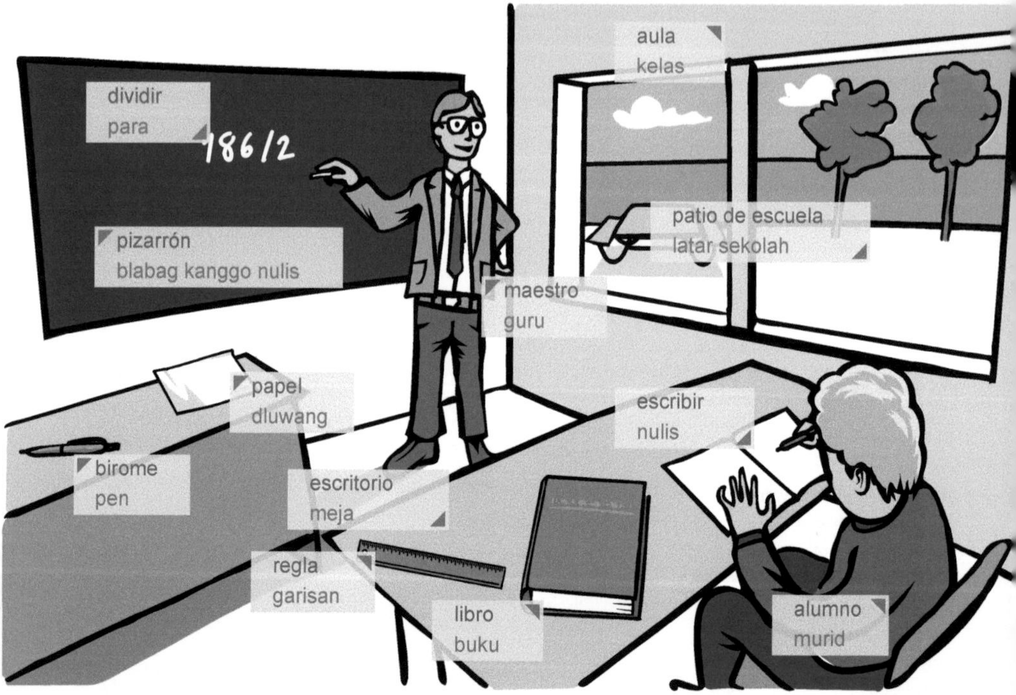

aula
kelas
dividir
para
186/2
pizarrón
blabag kanggo nulis
patio de escuela
latar sekolah
maestro
guru
papel
dluwang
escribir
nulis
birome
pen
escritorio
meja
regla
garisan
libro
buku
alumno
murid

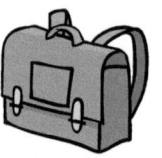

mochila

tas sekolah

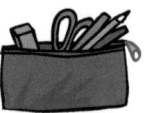

caja de lápices

tepak potlot

lápiz

potlot

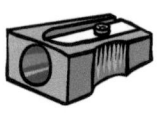

sacapuntas

orotan potlot

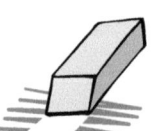

goma (de borrar)

setip

bloc de dibujo

lemek nggambar

dibujo

gambar

pincel

kuwas

caja de pinturas

tepak cat nggambar

tijera

gunting

pegamento

lem

cuaderno de ejercicios

buku latihan soal

tarea

pakaryan omah

número

angka

sumar

tambah

restar

suda

multiplicar

ping

calcular

itung

letra

aksara

abecedario

abjad

palabra

tembung

texto

teks

leer

maca

tiza

kapur

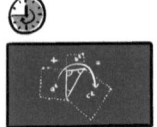

lección

wulangan

cuaderno de clase

dhaptar

examen

ujian

certificado

sertipikat

uniforme escolar

sragam sekolah

educación

pendhidhikan

enciclopedia

ensiklopedia

universidad

universitas

microscopio

mikroskop

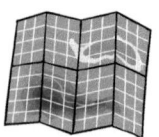

mapa

peta

tacho (de basura)

kranjang larahan

viaje
perjalanan

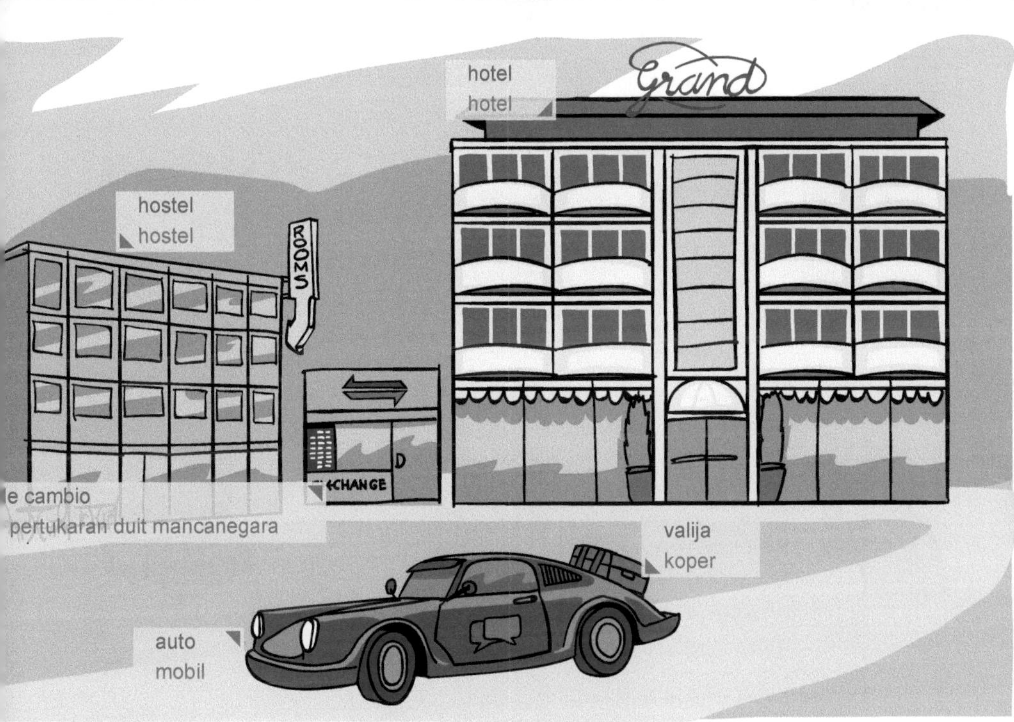

hotel
hotel
Grand
hostel
hostel
ROOMS
EXCHANGE
e cambio
pertukaran duit mancanegara
valija
koper
auto
mobil

idioma

basa

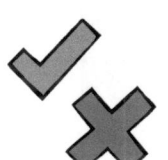

sí / no

iya / ora

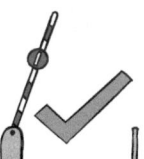

Está bien

oke

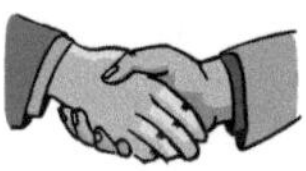

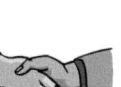

hola

halo

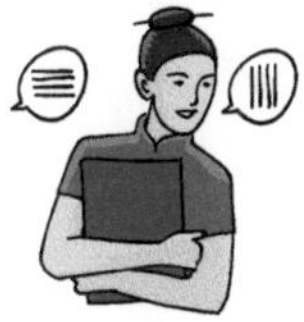

traductor

juru basa

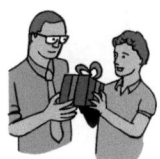

Gracias

matur nuwun

¿cuánto cuesta…?

Piro regane …?

No entiendo

aku ora ngerti

problema

masalah

¡Buenas tardes!

Sugeng dalu!

¡Buenos días!

Sugeng enjang

¡Buenas noches!

Sugeng dalu!

adiós

pareng

dirección

arah

equipaje

koper

bolso

tas

mochila

ransel

invitado

tamu

habitación

kamar

bolsa de dormir

kantong turu

carpa

tenda

información turística

informasi turis

playa

pantai

tarjeta de crédito

kertu kredit

desayuno

sarapan

almuerzo

mangan awan

cena

mangan ing wayah bengi

pasaje

tiket

ascensor

lift

sello

perangko

frontera

watesan

aduana

cukai

embajada

kedutaan

visa

visa

pasaporte

paspor

transporte

angkutan

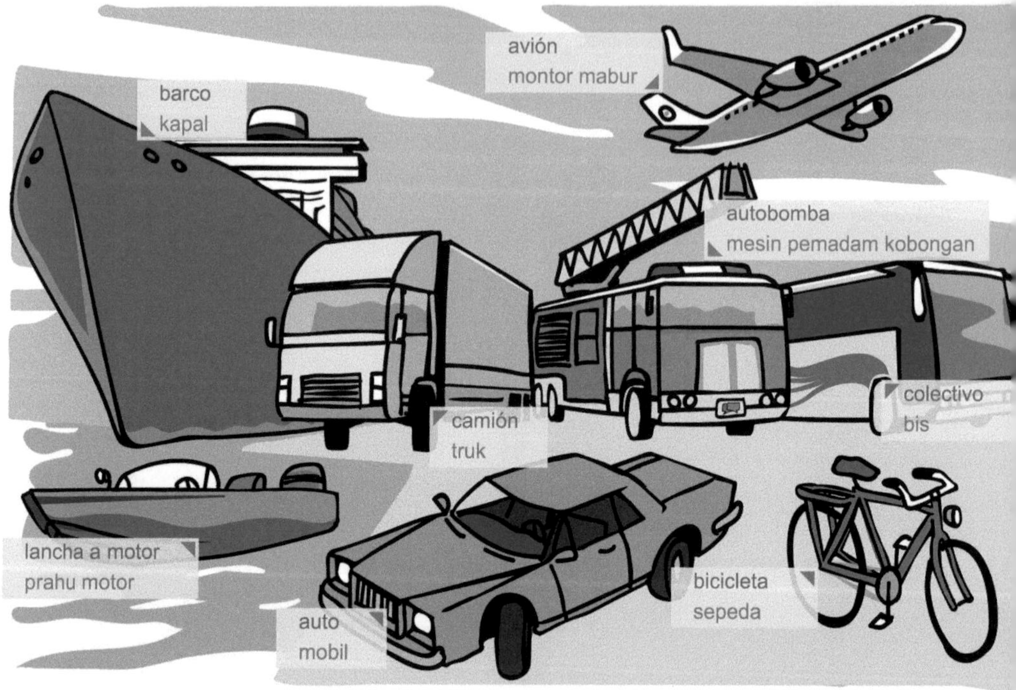

avión
montor mabur
barco
kapal
autobomba
mesin pemadam kobongan
colectivo
bis
camión
truk
lancha a motor
prahu motor
bicicleta
sepeda
auto
mobil

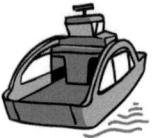

ferry

feri

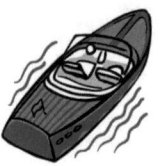

bote

perahu

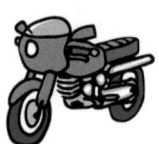

moto

sepeda motor

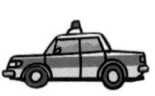

patrullero

mobil polisi

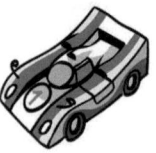

auto de carreras

mobil balapan

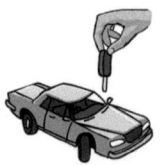

auto de alquiler

mobil sewa

alquiler de autos

sewa mobil

grúa

truk derek

camión de basura

truk resek

motor

motor

nafta

bensin

estación de servicio

pom bensin

señal de tránsito

tanda dalan

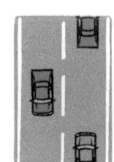

tránsito

lalu lintas

embotellamiento

macet

estacionamiento

parkir mobil

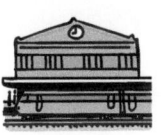

estación de tren

stasiun sepur

vías

ril sepur

tren

sepur

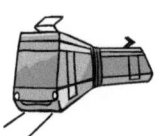

tranvía

tram

vagón

grobak

helicóptero

helikopter

aeropuerto

lapangan montor mabur

torre

menara

pasajero

penumpang

contenedor

kontener

caja de cartón

kerdhus

carretilla

troli

canasta

kranjang

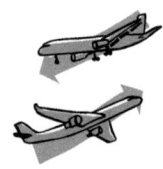

despegar / aterrizar

mabur / ndarat

ciudad

kutha

pueblo

desa

centro de ciudad

tengah kutha

casa

omah

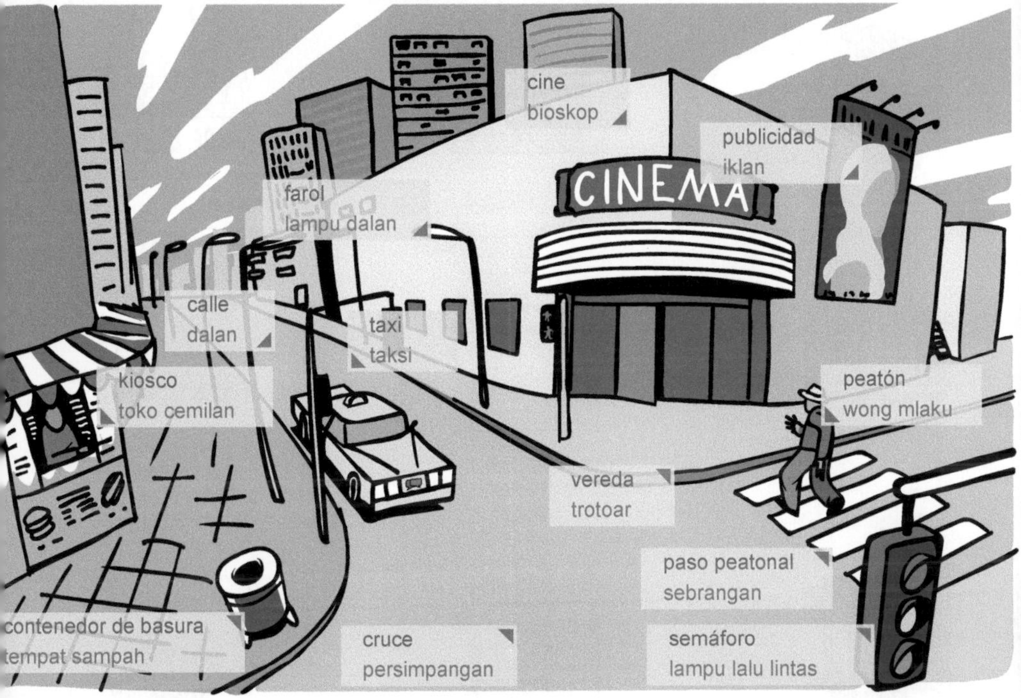

cine
bioskop

publicidad
iklan

farol
lampu dalan

CINEMA

calle
dalan

taxi
taksi

kiosco
toko cemilan

peatón
wong mlaku

vereda
trotoar

paso peatonal
sebrangan

contenedor de basura
tempat sampah

cruce
persimpangan

semáforo
lampu lalu lintas

cabaña
gubuk

departamento
apartemen

estación de tren
stasiun sepur

municipalidad
bale kutha

museo
museum

colegio
sekolahan

universidad

universitas

banco

bank

hospital

griya sakit

hotel

hotel

farmacia

apotek

oficina

kantor

librería

toko buku

negocio

toko

florería

toko kembang

supermercado

supermarket

mercado

pasar

grandes tiendas

toko sarwa ana

pescadería

toko iwak

centro comercial

mal

puerto

pelabuhan

parque
taman

banco
bangku

puente
tretek

escaleras
andha

subte
metro

túnel
trowongan

parada del colectivo
halte bis

bar
bar

restaurante
restoran

buzón
kotak surat

letrero
pratandha dalan

parquímetro
meteran parkir

zoológico
kebon kewan

pileta
kolam renang

mezquita
masjid

granja

kebon

contaminación

polusi

cementerio

kuburan

iglesia

greja

juegos infantiles

panggon dolanan

templo

candi

paisaje
lanskap

hoja
godong

poste indicador
plang

camino
dalan

pradera
beran

piedra
watu

excursionista
wong munggah

árbol
uwit

río
kali

hierba
suket

flor
kembang

valle

lembah

montaña

bukit

lago

tlogo

bosque

alas

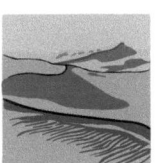

desierto

ara-ara

volcán

gunung geni

castillo

keraton

arco iris

kluwung

champiñón

jamur

palmera

uwit palem

mosquito

lemut

mosca

laler

hormiga

semut

abeja

tawon

araña

angga-angga

escarabajo

kumbang

rana

kodok

ardilla

bajing

erizo

landhak

liebre

truwelu

lechuza

manuk dares

pájaro

manut

cisne

banyak

jabalí

celeng

ciervo

kidang

alce

menjangan

presa

bendungan

aerogenerador

turbin angin

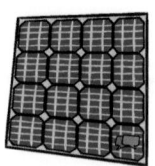

panel solar

panel srengenge

clima

iklim

restaurante
restoran

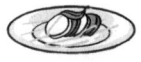

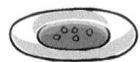

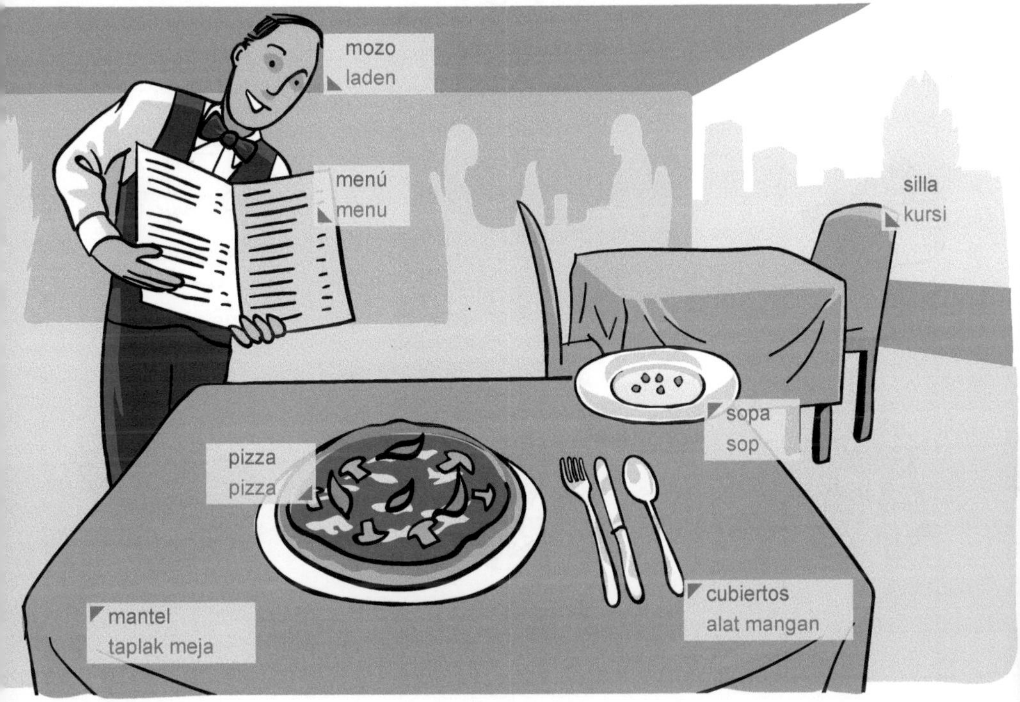

mozo
laden
menú
menu
silla
kursi
sopa
sop
pizza
pizza
cubiertos
alat mangan
mantel
taplak meja

entrada
hidangan pambuka

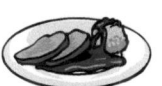

plato principal
menu utama

postre
hidangan penutup

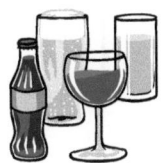

bebidas
ombenan

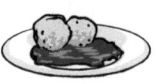

comida
panganan

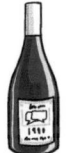

botella
gendul

comida rápida

panganan instan

comida callejera

jajan cemilan

tetera

ceret teh

azucarera

kaleng gula

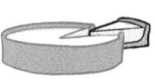

porción

porsi

cafetera expreso

mesin espresso

sillita alta

kursi duwur

cuenta

tagihan

bandeja

baki

cuchillo

lading

tenedor

sendok garpu

cuchara

sendok

cucharita

sendok teh

servilleta

serbet

vaso

gelas

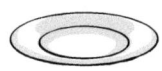

plato

piring

plato hondo

piring sop

plato

lepek

salsa

duduh

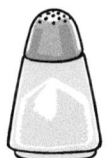

salero

gendul uyah

molinillo de pimienta

bubuk mrico

vinagre

cuka

aceite

lenga

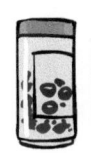

especias

bumbon

kétchup

saos tomat

mostaza

mustar

mayonesa

mayones

supermercado
supermarket

oferta especial
tawaran khusus
FOR
cliente
langganan
lácteos
produk saka susu
fruta
woh-wohan
changuito
troli

BUTCHERS

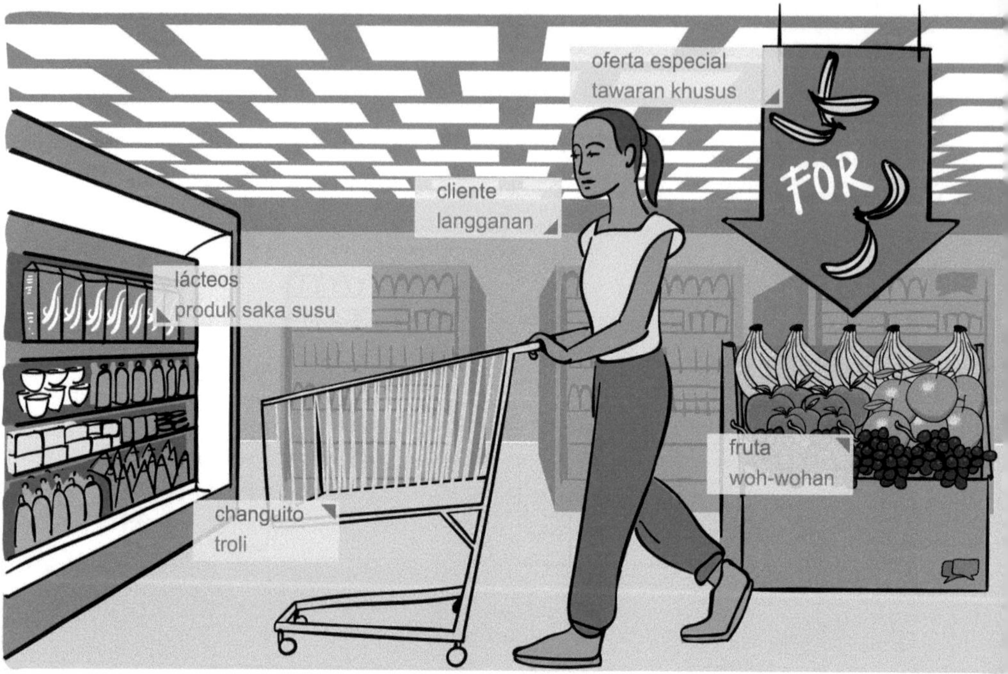

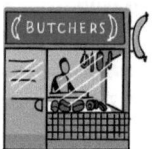

carnicería
toko daging

BAKERY

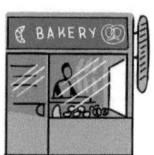

panadería
toko roti

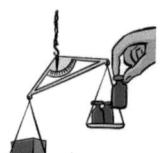

pesar
nimbang

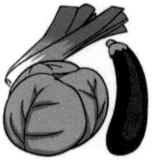

verduras
janganan

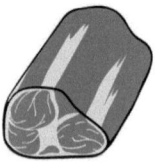

carne
daging panggang

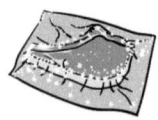

alimentos congelados
panganan beku

fiambres

irisan daging

alimentos enlatados

panganan kaleng

detergente en polvo

deterjen

golosinas

permen

electrodomésticos

produk reresik omah

productos de limpieza

produk reresik

vendedora

bakul

caja

mesin kasir

cajero

kasir

lista de compras

daftar blanja

horario de atención

jam buka

billetera

dompet

tarjeta de crédito

kertu kredit

cartera

tas

bolsa de plástico

tas kresek

agua

banyu

jugo

jus

leche

susu

bebida cola

ombenan kanthi karbon

vino

anggur

cerveza

bir

alcohol

alkohol

cacao

coklat

té

teh

café

kopi

café expreso

espresso

cappuccino

cappuccino

banana

gedhang

manzana

apel

naranja

jeruk

melón

semangka

limón

jeruk lemon

zanahoria

wortel

ajo

bawang

bambú

pring

cebolla

bawang

champiñón

jamur

nueces

kacang

fideos

bakmi

tallarines

spageti

arroz

sego

ensalada

salad

papas fritas

kentang goreng

papas fritas

kentang goreng

pizza

pizza

hamburguesa

hamburger

sándwich

roti isi

churrasco

daging irisan

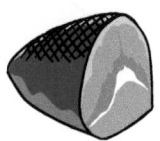

jamón

daging ham

salame

salami

salchicha

sosis

pollo

pitik

asado

daging panggang

pescado

iwak

copos de avena

bubur gandum

muesli

muesli

copos de maíz

sereal jagung

harina

glepung

medialuna

croissant

pancito

roti

pan

roti

tostada

roti panggang

galletitas

biskuit

manteca

mertega

cuajada

dadih

torta

kue

huevo

endog

huevo frito

endog goreng

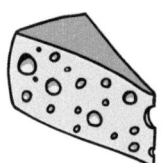

queso

keju

helado

es krim

azúcar

gula

miel

madu

mermelada

sele

pasta de chocolate

krim nugat

curry

kare

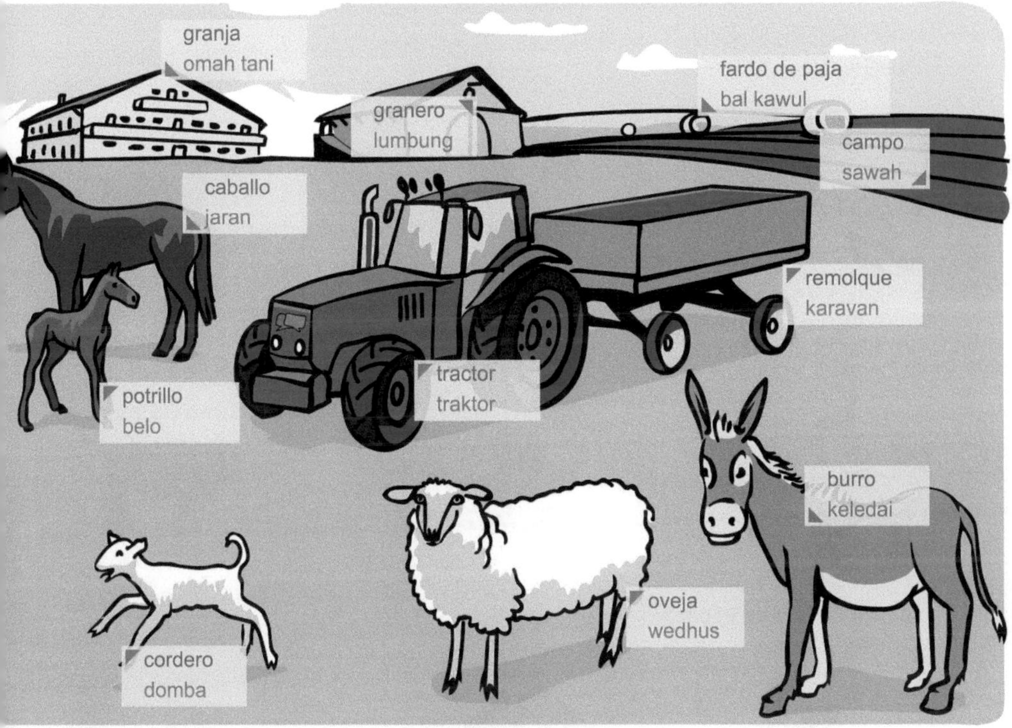

granja
omah tani

granero
lumbung

fardo de paja
bal kawul

campo
sawah

caballo
jaran

remolque
karavan

tractor
traktor

potrillo
belo

burro
keledai

oveja
wedhus

cordero
domba

cabra

vaca

ternero

wedhus

sapi

pedhet

cerdo

lechón

toro

babi

gambluk

kebo

ganso

banyak

pato

bebek

pollo

kuthuk

gallina

babon

gallo

jago

rata

tikus

gato

kucing

ratón

tikus

buey

sapi

perro

asu

cucha

kandang asu

manguera

selang

regadera

gembor

guadaña

arit gede

arado

waluku

hoz

arit gede

azada

pacul

horquilla

garu

hacha

kapak

carretilla

grobak surung

abrevadero

wadah pakan

lechera

kaleng susu

bolsa

karung

reja

pager

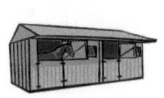

establo

kandang

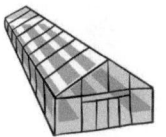

invernadero

omah kaca

suelo

lemah

semilla

wiji

fertilizador

rabuk

cosechadora

traktor panen

cosechar

manen

cosecha

panen

batatas

ubi

trigo

gandum

soja

kedelai

papa

kentang

maíz

jagung

semilla de colza

lobak

árbol frutal

wit woh-wohan

mandioca

telo

cereales

sereal

casa
omah

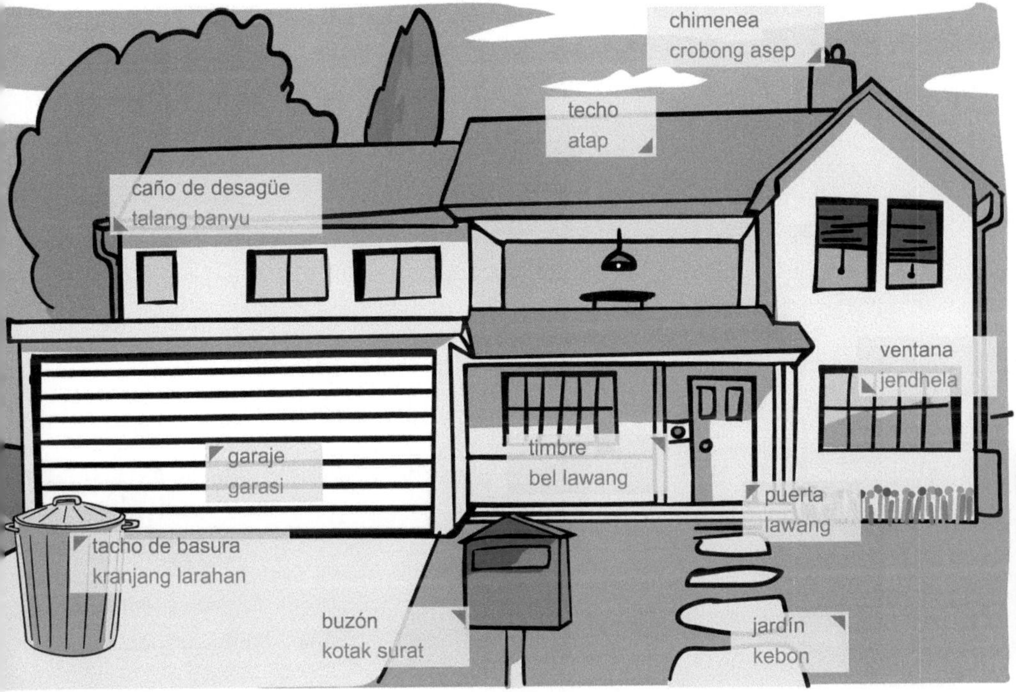
chimenea
crobong asep
techo
atap
caño de desagüe
talang banyu
ventana
jendhela
garaje
garasi
timbre
bel lawang
puerta
lawang
tacho de basura
kranjang larahan
buzón
kotak surat
jardín
kebon

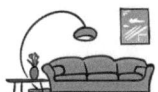

living

ruang tamu

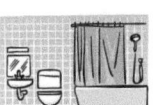

baño

jedhing

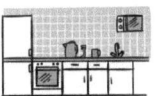

cocina

pawon

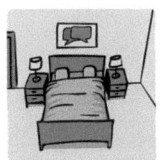

dormitorio

kamar turu

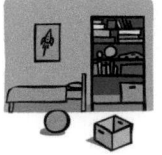

cuarto de los chicos

kamar anak

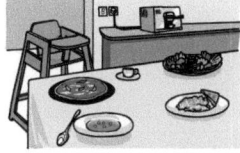

comedor

kamar panedhaan

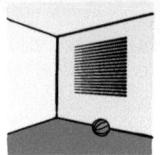

piso

jobin

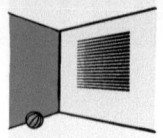

pared

tembok

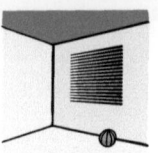

cielorraso

pyan

sótano

gudhang ing njero lemah

sauna

sauna

balcón

balkon

terraza

teras

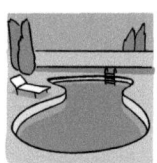

pileta

blumbang kanggo nglangi

cortadora de pasto

mesin kanggo motong suket

sábana

lembaran

acolchado

sprei

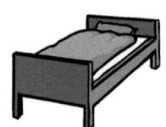

cama

dipan

escoba

sapu

balde

ember

interruptor

tombol

living
ruang tamu

empapelado
kertas tembok
imagen
gambar
lámpara
lampu
estante
rak
armario
lemari
televisión
TV
chimenea
perapian
flor
kembang
almohadón
bantal
sofá
sofa
florero
vas
control remoto
remot kontrol

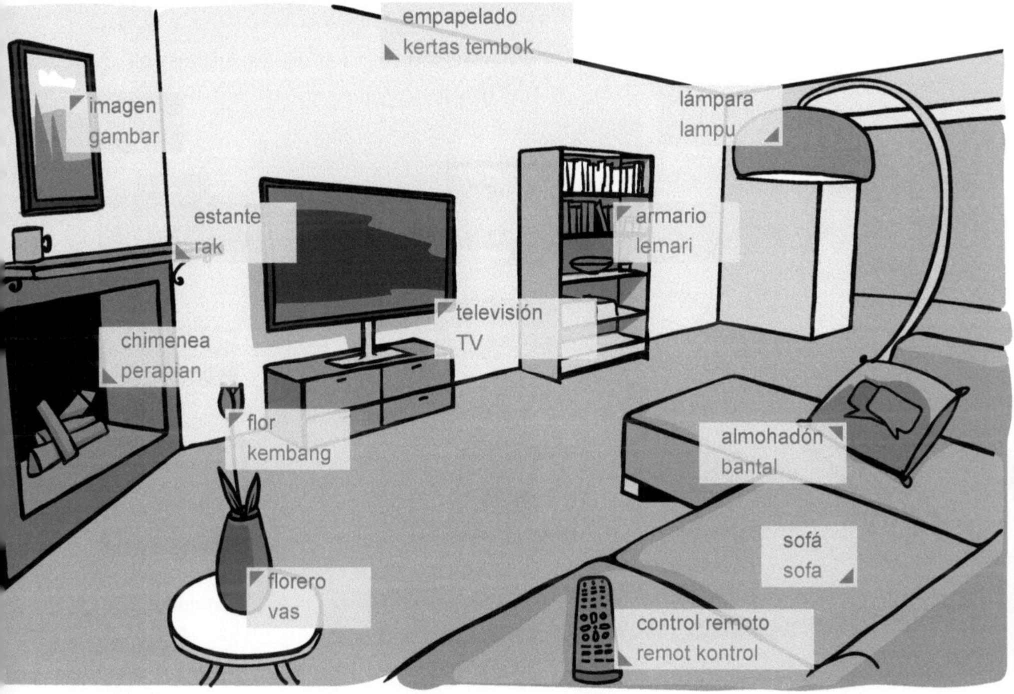

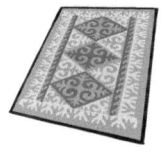

alfombra

karpet

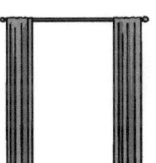

cortina

korden

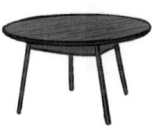

mesa

meja

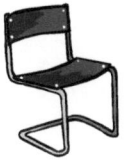

silla

kursi

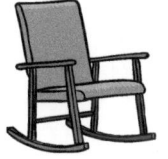

mecedora

kursi goyang

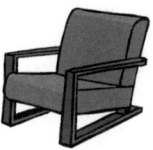

sillón

kursi tangan

libro

buku

frazada

selimut

decoración

dekorasi

leña

kayu bakar

película

film

equipo de música

hi-fi

llave

kunci

diario

koran

pintura

lukisan

póster

poster

radio

radio

cuaderno

buku catetan

aspiradora

penyedot lebut

cactus

kaktus

vela

lilin

cocina
pawon

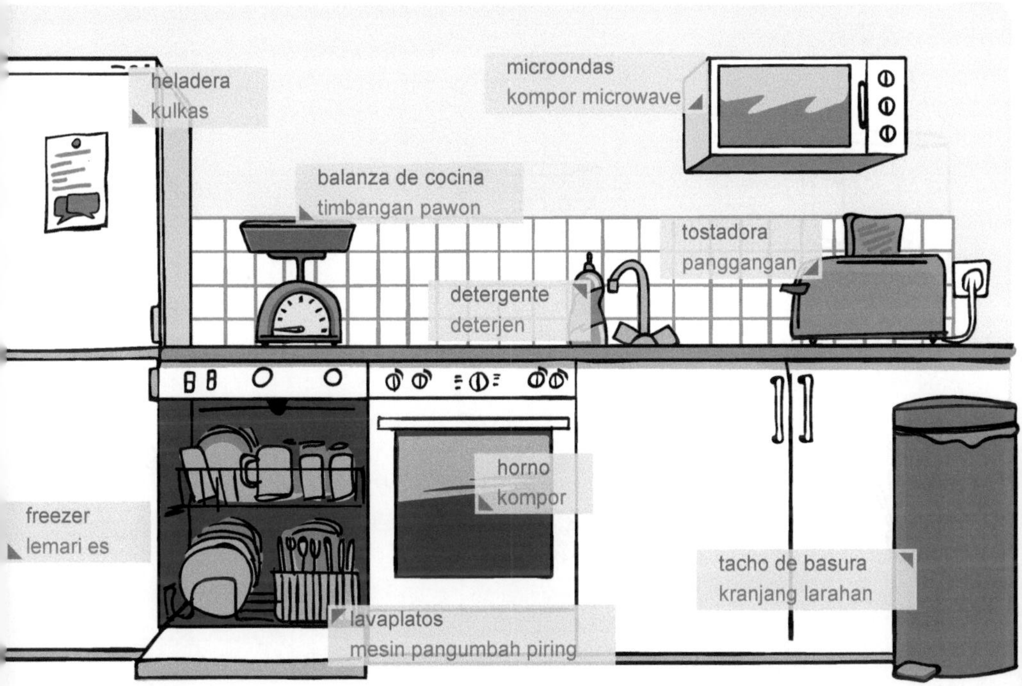

heladera
kulkas
microondas
kompor microwave
balanza de cocina
timbangan pawon
tostadora
panggangan
detergente
deterjen
horno
kompor
freezer
lemari es
tacho de basura
kranjang larahan
lavaplatos
mesin pangumbah piring

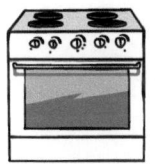

cocina
kompor

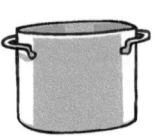

olla
panci

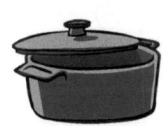

olla de hierro fundido
panci wesi

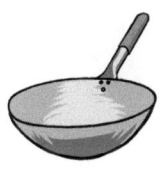

wok
wajan

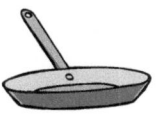

sartén
wajan

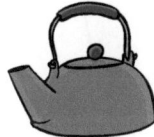

pava
ceret

vaporera

kukusan

bandeja de horno

loyang

vajilla

pecah belah

taza

mug

bol

mangkok

palitos

sumpit

cucharón

irus

estpátula

solet

batidora

udeg

colador

ayakan

colador

saringan

rallador

parutan

mortero

lumpang

parrilla

panggangan

fogata

geni

tabla de picar

telenan

palo de amasar

gilingan adonan

sacacorchos

kotrek

lata

kaleng

abrelatas

bukaan kaleng

manopla

cempal

pileta

wastafel

cepillo

sikat

esponja

sepon

batidora

blender

congelador

kulkas

mamadera

gendul bayi

canilla

kran

baño

jedhing

calefacción
alat manasi
ducha
pancuran
toalla
andhuk
cortina de ducha
klambu jedhing
baño de espuma
adhus unthuk
bañadera
bak adhus
vaso
gelas
lavarropas
mesin ngumbah
canilla
kran
baldosas
tekel
pelela
pispot
pileta
wastafel

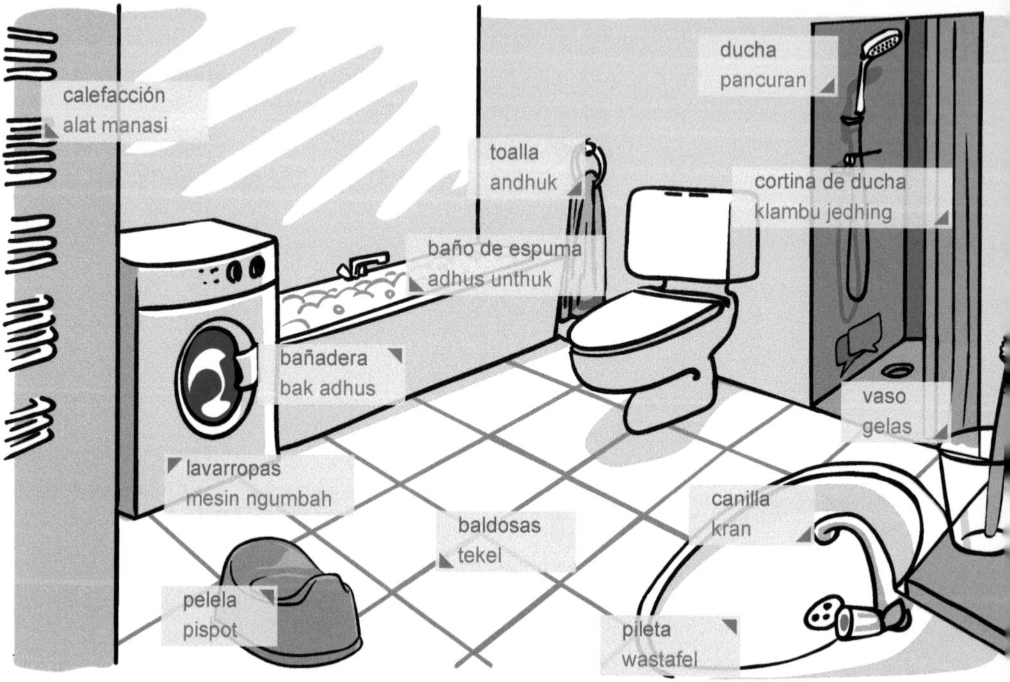

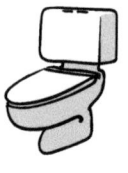

inodoro

jamban

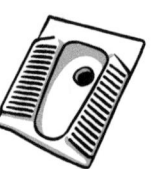

letrina

jamban dhodhok

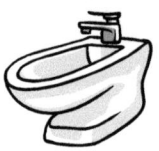

bidé

bidet

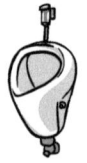

mingitorio

pissoir

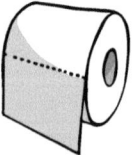

papel higiénico

tisu jamban

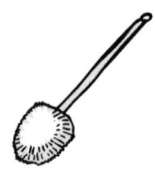

cepillo para el inodoro

sikat jamban

cepillo de dientes

sikat untu

dentífrico

odol

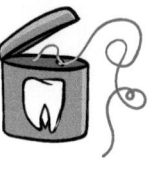

hilo dental

bolah untu

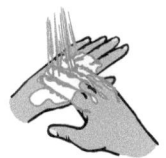

lavar

ngumbahi

ducha de mano

gagang shower

ducha higiénica

pancuran

palangana

baskom

cepillo para espalda

sikat geger

jabón

sabun

gel de ducha

gel pancuran

shampoo

sampo

toallita

hem

desagüe

nguras

crema

krim

desodorante

deodoran

espejo

pangilon

espejito

koco tangan

maquinita de afeitar

silet

espuma de afeitar

umpluk cukur

aftershave

aftershave

peine

jungkat

cepillo

sikat untu

secador de pelo

hairdryer

spray

hairspray

maquillaje

dandanan

lápiz de labios

gincu

esmalte para uñas

kuteks

algodón

kapas

tijera para uñas

gunting kuku

perfume

parfum

portacosméticos

kantong adhus

banqueta

dingklik

balanza

timbangan

bata

bah kanggo sawise adhus

guantes de goma

sarung karet

tampón

tampon

toallita femenina

pembalut

baño químico

jamban nganggo bahan
kimia

cuarto de los chicos

kamar anak

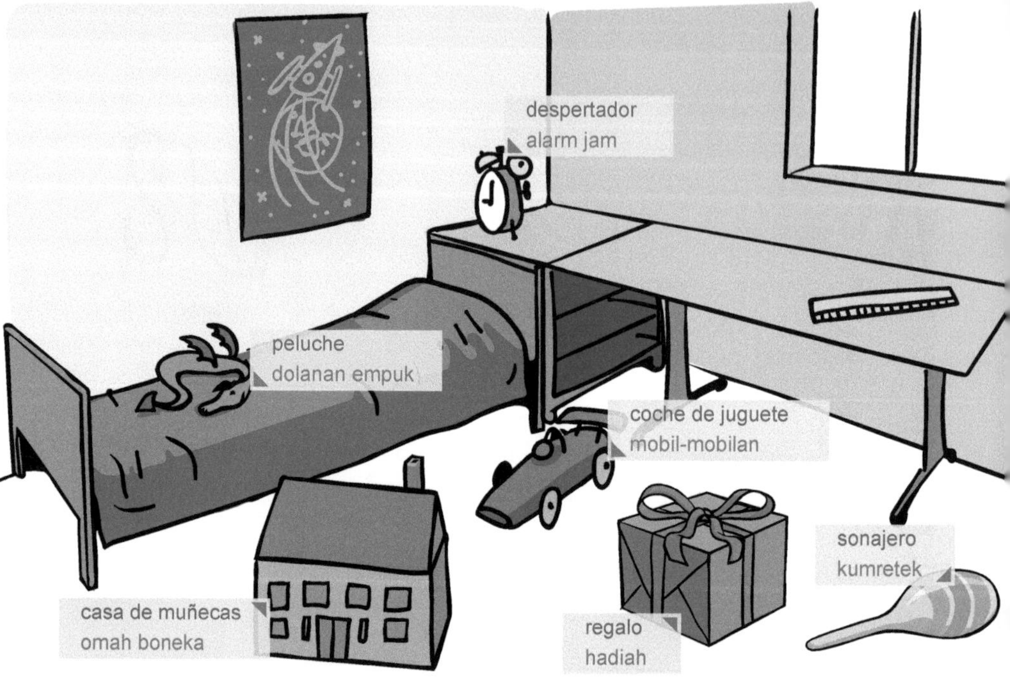
despertador
alarm jam
peluche
dolanan empuk
coche de juguete
mobil-mobilan
sonajero
kumretek
casa de muñecas
omah boneka
regalo
hadiah

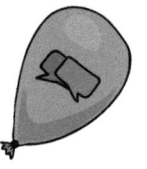

globo
balon

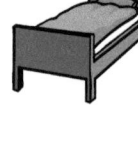

cama
dipan

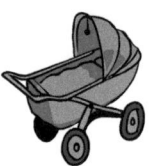

cochecito
kreto bayi

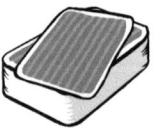

cartas
meja kertu

rompecabezas
teka-teki

SUPER MEGA

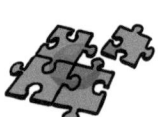

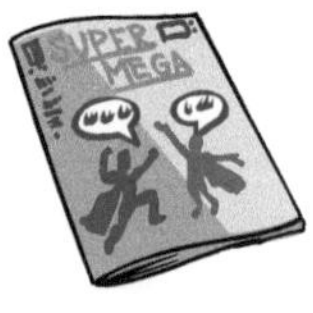

historieta
komik

piezas de lego
bata lego

ladrillos de juguete
balok dolanan

figura de acción
boneka aksi

enterito (de bebé)
klambi bayi

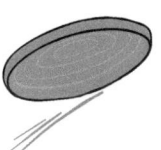

frisbee
frisbee

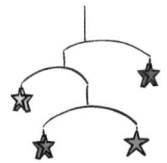

móvil para bebés
dolanan gantungan

juego de mesa
dolanan meja

dados
dadu

tren eléctrico
sepur dolanan

chupete
dot

fiesta
pesta

libro de cuentos ilustrado
buku gambar

pelota
bal

muñeca
boneka

jugar
dolanan

arenero

panggon dolanan pasir

hamaca

ayunan

juguetes

dolanan

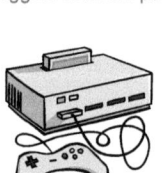

consola de videojuegos

konsol video game

triciclo

sepeda roda telu

osito de peluche

beruang teddy

armario

lemari sandhangan

ropa

klambi

medias

kaos kaki

medias panty

stoking

calzas

kathok singset

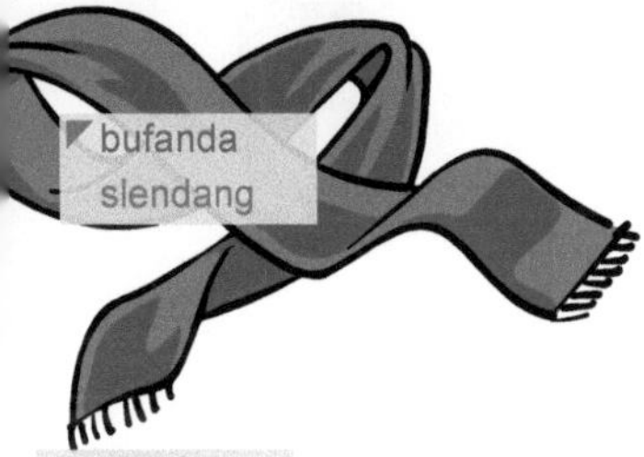

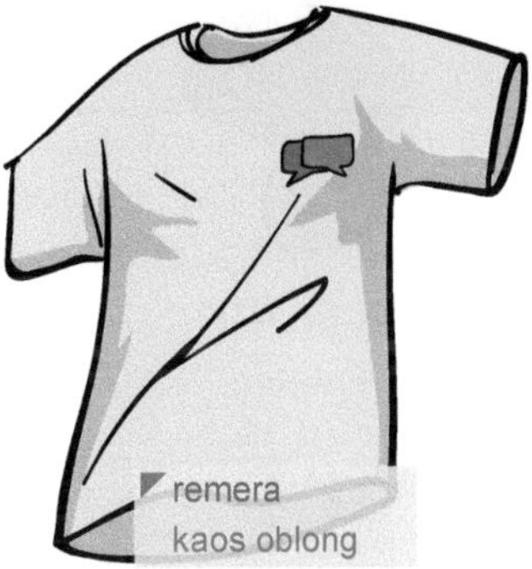

bufanda
slendang

cinturón
sabuk

paraguas
payung

remera
kaos oblong

zapatillas
sepatu kets

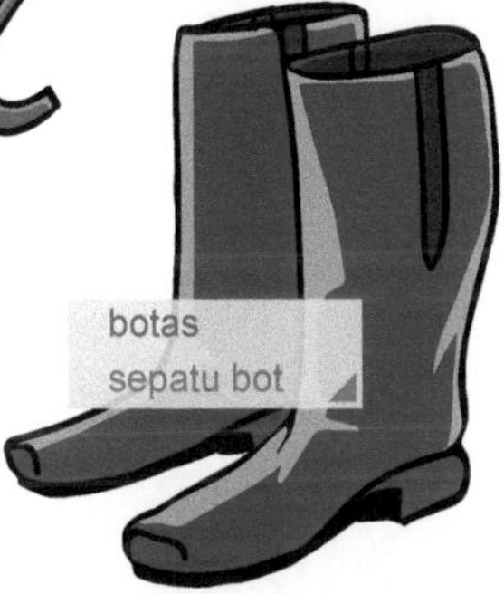

botas
sepatu bot

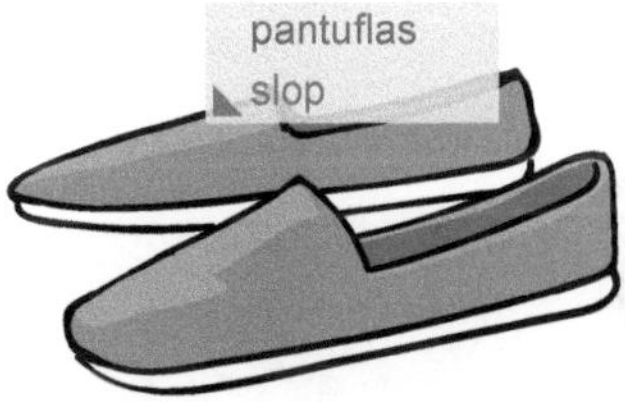

pantuflas
slop

sandalias
....
sandal

zapatos
....
sepatu

botas de goma
....
sepatu bot karet

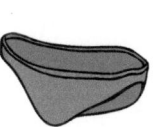

ropa interior
....
sempak

corpiño
....
kutang

chaleco
....
rompi

body
awak

pantalones
kathok

jeans
kathok jins

pollera
rok

blusa
blus

camisa
klambi

pulóver
jaket nganggo kudung

buzo
sweter

blazer
blezer

campera
jaket

tapado
mantel

piloto
jas udan

traje
kostum

vestido
gaun

vestido de novia
gaun manten

traje

setelan

camisón

klambi kanggo turu

pijama

piyama

sari

kain sari

pañuelo para cabeza

kudung

turbante

serban

burka

cadar

caftán

kaftan

abaya

abaya

traje de baño

klambi kanggo nglangi

short de baño

kathok renang

shorts

kathok cekak

jogging

klambi trening

delantal

celemek

guantes

sarung tangan

botón
benik

anteojos
kacamata

pulsera
gelang

collar
kalung

anillo
ali-ali

aro
anting-anting

gorra
peci

percha
gantungan mantel

sombrero
topi

corbata
dasi

cierre
slerekan

casco
helem

tiradores
bretel

uniforme escolar
sragam sekolah

uniforme
sragam

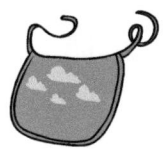

babero

oto

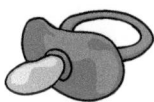

chupete

dot

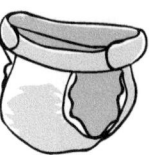

pañal

popok

oficina
kantor

servidor
server
archivero
lemari arsip
impresora
printer
papel
dluwang
monitor
monitor
mouse
mouse
escritorio
meja
carpeta
folder
teclado
papan tombol
silla
kursi
tacho (de basura)
kranjang larahan
computadora
komputer

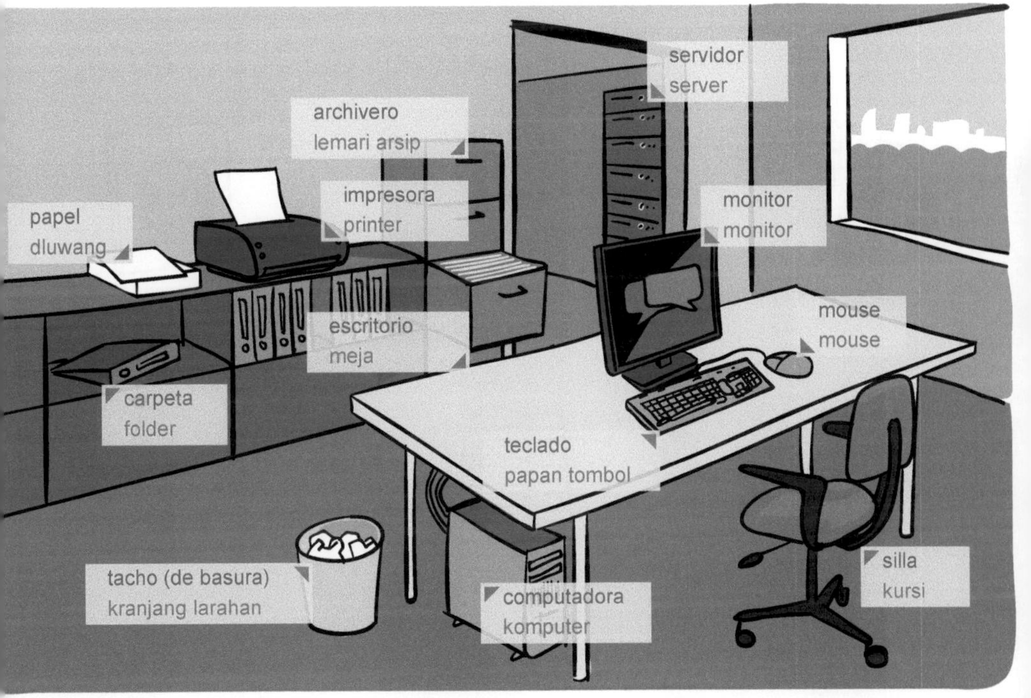

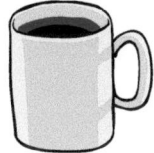

taza de café

cangkir kopi

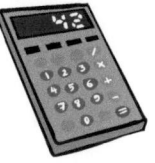

calculadora

kalkulator

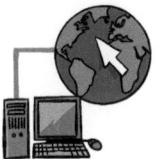

internet

internet

laptop

laptop

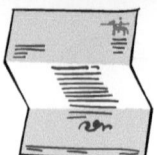

carta

surat

mensaje

pesen

celular

HP

red

jaringan

fotocopiadora

mesin fotokopi

software

software

teléfono

telpon

tomacorriente

colokan

fax

mesin faksimili

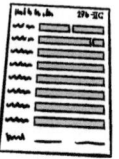

formulario

blangko

documento

dokumen

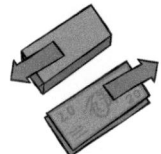

comprar

tuku

pagar

mbayar

hacer negocios

bebakulan

dinero

duit

dólar

dolar

euro

euro

yen

yen

rublo

rubel

franco suizo

franc Swiss

yuan

yuan renminbi

rupia

rupe

cajero automático

cash point

casa de cambio

kantor pertukaran duit mancanegara

oro

emas

plata

perak

petróleo

minyak

energía

energi

precio

rego

contrato

kontrak

impuesto

pajek

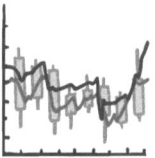

acción

saham

trabajar

kerjo

empleado

pegawe

empleador

juragan

fábrica

pabrik

negocio

toko

ocupaciones

gawean

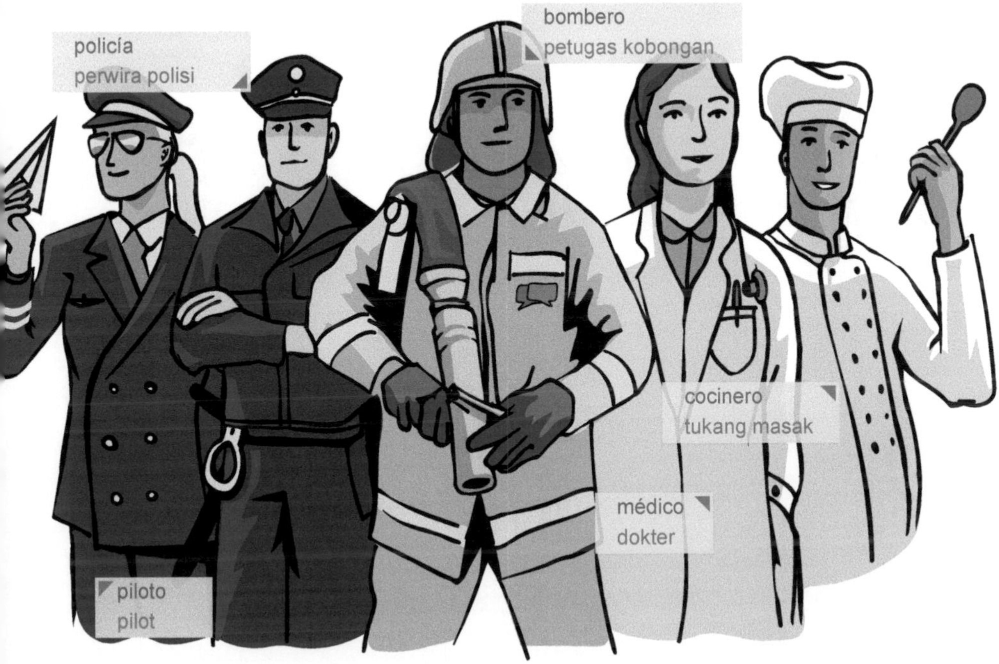
bombero
petugas kobongan
policía
perwira polisi
cocinero
tukang masak
médico
dokter
piloto
pilot

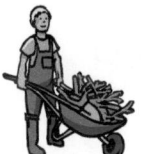

jardinero

tukang kebon

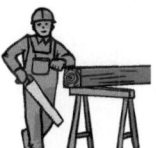

carpintero

tukang kayu

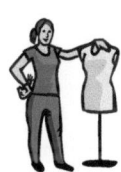

modista

tukang jahit

juez

hakim

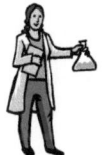

farmacéutico

ahli kimia

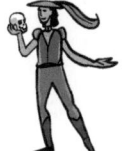

actor

aktor

colectivero

sopir bis

taxista

sopir taksi

pescador

nelayan

mucama

tukang reresik

techista

tukang pasang gendheng

mozo

laden

cazador

pamburu

pintor

pelukis

panadero

tukang roti

electricista

tukang listrik

albañil

tukang mbangun

ingeniero

insinyur

carnicero

jagal

plomero

tukang ledeng

cartero

tukang pos

soldado
tentara

arquitecto
arsitek

cajero
kasir

florista
bakul kembang

peluquero
juru rambut

cobrador
kondektur

mecánico
mekanik

capitán
kapten

dentista
dokter untu

científico
ilmuwan

rabino
rabbi

imán
imam

monje
biksu

sacerdote
pandhita

herramientas
alat

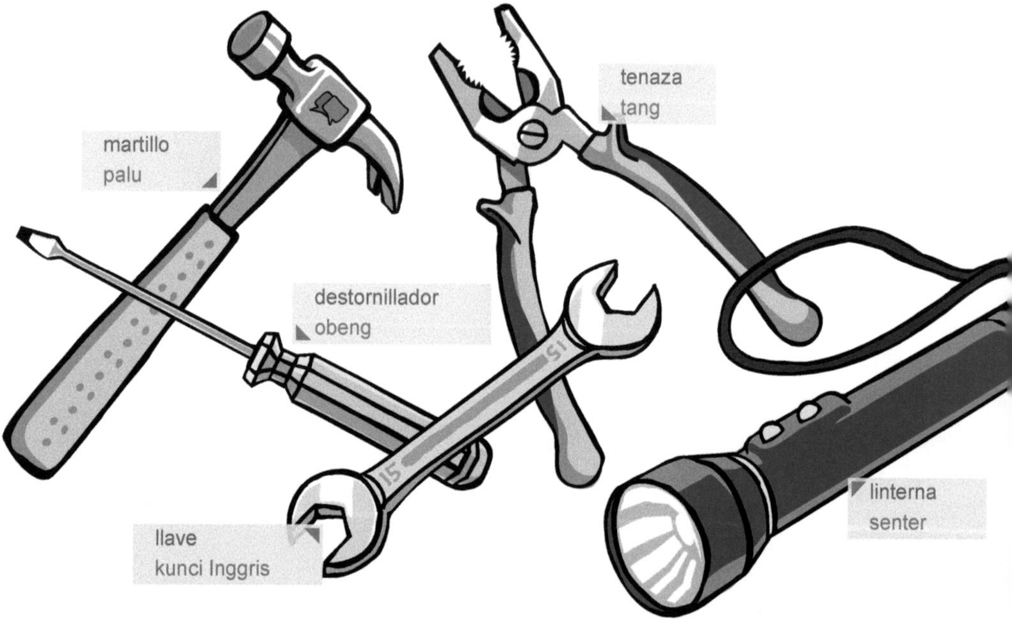

martillo
palu
tenaza
tang
destornillador
obeng
llave
kunci Inggris
linterna
senter

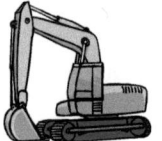

excavadora

mesin kerukan

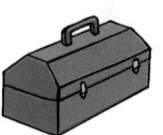

caja de herramientas

wadah perkakas

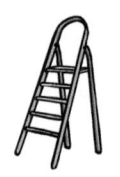

escalera portátil

andha

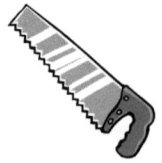

sierra

graji

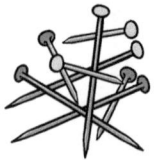

clavos

paku

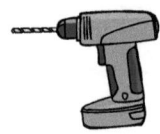

taladro

bur

arreglar

ndandani

pala de jardín

sekop

¡Qué bronca!

Bajigur!

pala de plástico

serok

tacho de pintura

kaleng cat

tornillos

sekrup

instrumentos musicales
alat musik

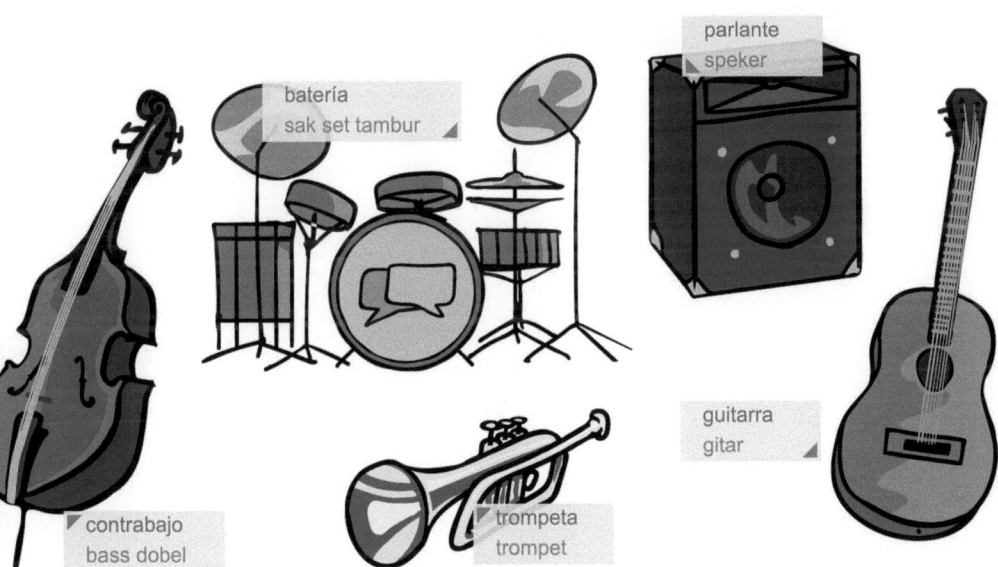

parlante
speker

batería
sak set tambur

contrabajo
bass dobel

trompeta
trompet

guitarra
gitar

piano
piano

violín
biola

bajo
bass

timbales
timpani

tambor
tambur

teclado
keyboard

saxofón
saksofon

flauta
suling

micrófono
mikropon

ZOO

entrada
lawang mlebu

tigre
macan tutul

jaula
kandang

cebra
sebra

alimento para animales
pakanan kewan

oso panda
panda

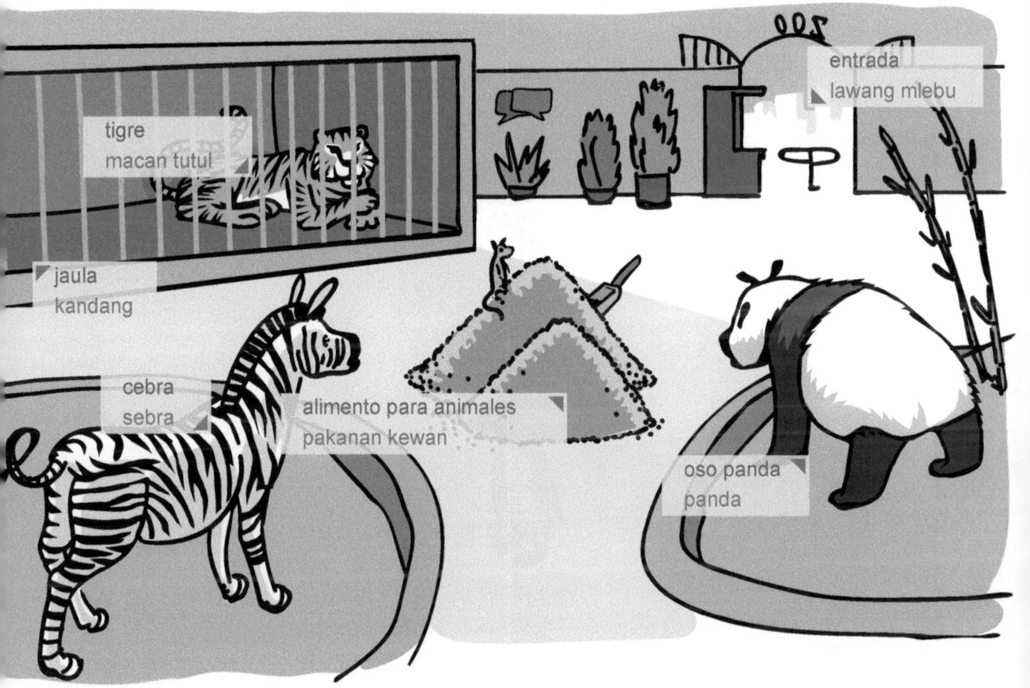

animales

kewan

elefante

gajah

canguro

kanguru

rinoceronte

badak

gorila

gorila

oso

beruang

camello

unta

avestruz

manuk unta

león

singa

mono

kethek

flamenco

flamingo

loro

bethet

oso polar

beruang kutub

pingüino

pinguin

tiburón

hiu

pavo real

merak

serpiente

ula

cocodrilo

baya

cuidador del zoológico

juru kunci kebon kewan

foca

singa segara

jaguar

jaguar

poni

jaran poni

leopardo

macan tutul

hipopótamo

kuda nil

jirafa

jrapah

águila

garudha

jabalí

celeng

pescado

iwak

tortuga

bulus

morsa

walrus

zorro

rubah

gacela

kidang

deportes

olahraga

fútbol americano
bal-balan Amerika

ciclismo
sepedahan

tenis
tenis

básquet
basket

natación
nglangi

boxeo
tinju

hockey sobre hielo
hoki es

fútbol
bal-balan

bádminton
badminton

atletismo
atletik

handball
bal tangan

esquí
ski

polo
polo

actividades
kegiatan

reír
ngguyu
saltar
mencolot
abrazar
ngrangkul
caminar
mlaku
cantar
nembang
soñar
ngimpi
rezar
ndonga
besar
ngambung

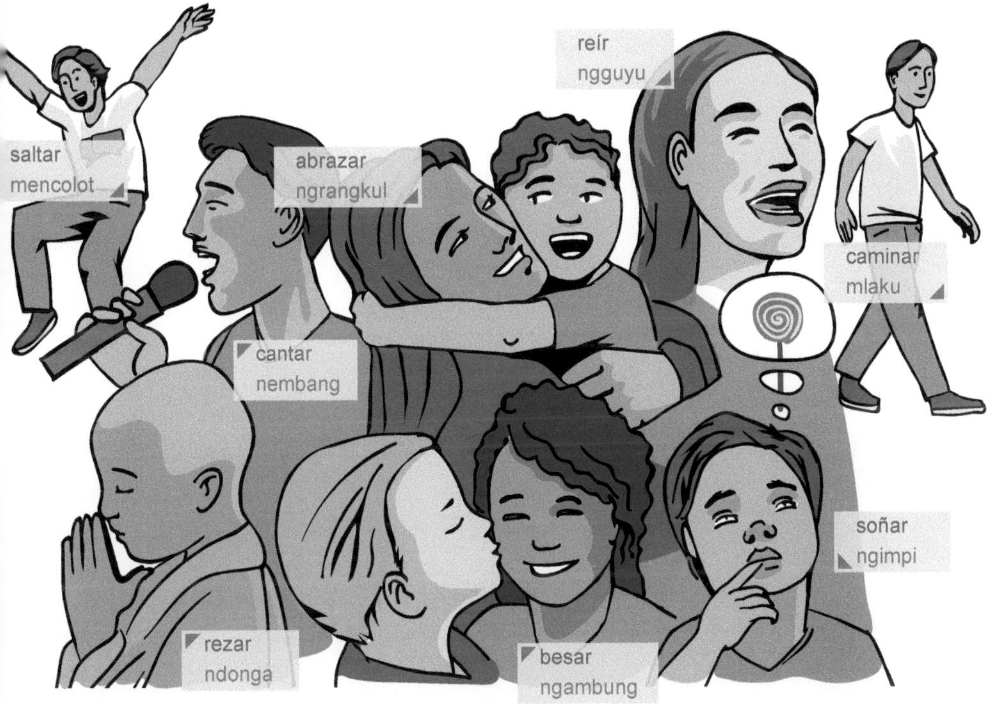

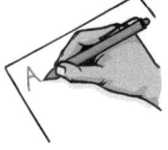

escribir

nulis

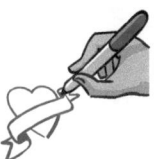

dibujar

nggambar

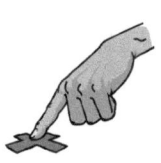

mostrar

nuduhake

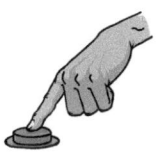

presionar

mencet

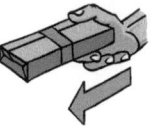

dar

menehi

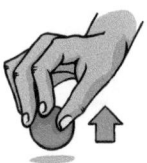

tomar

njupuk

tener
....
duweni

hacer
....
nindakake

ser
....
yaiku

estar parado
....
ngadek

correr
....
mlayu

tirar
....
narik

tirar
....
nguncalake

caer
....
tiba

estar acostado
....
ngapusi

esperar
....
ngenteni

llevar
....
nggawa

estar sentado
....
lungguh

vestirse
....
klamben

dormir
....
turu

despertar
....
tangi

mirar

ndheleng

llorar

nangis

acariciar

ngelus

peinar

njungkati

hablar

ngomong

entender

mangerteni

preguntar

takon

escuchar

ngrungoake

beber

ngombe

comer

mangan

ordenar

ngrapiake

amar

nrisnani

cocinar

masak

manejar

nyopir

volar

mabur

navegar
nglayar

calcular
itung

leer
maca

aprender
sinau

trabajar
kerjo

casarse
ngrabi

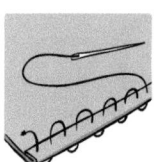

coser
njahit

cepillarse los dientes
nyikat untu

matar
mateni

fumar
ngrokok

enviar
ngirim

familia
keluarga

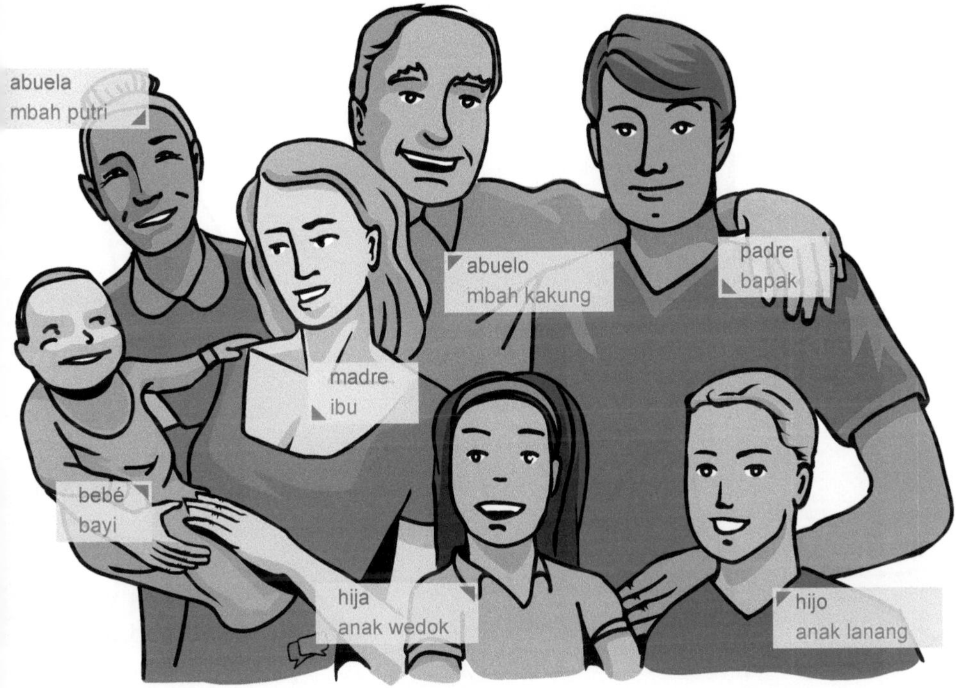
abuela
mbah putri
abuelo
mbah kakung
padre
bapak
madre
ibu
bebé
bayi
hija
anak wedok
hijo
anak lanang

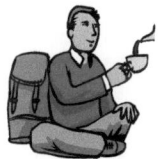

invitado

tamu

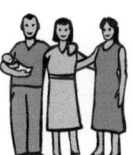

tía

bu lik

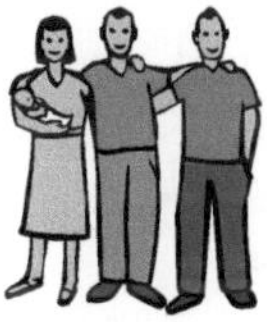

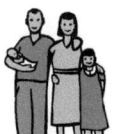

tío

pak lik

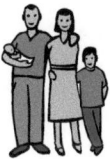

hermano

dulur lanang

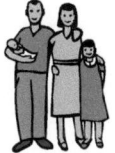

hermana

dulur wadon

cuerpo
awak

frente
bathuk
ojo
mripat
hombro
pundhak
dedo
driji
cara
pasuryan
pera
janggut
mano
tangan
pierna
sikil
pecho
payudara
brazo
lengen

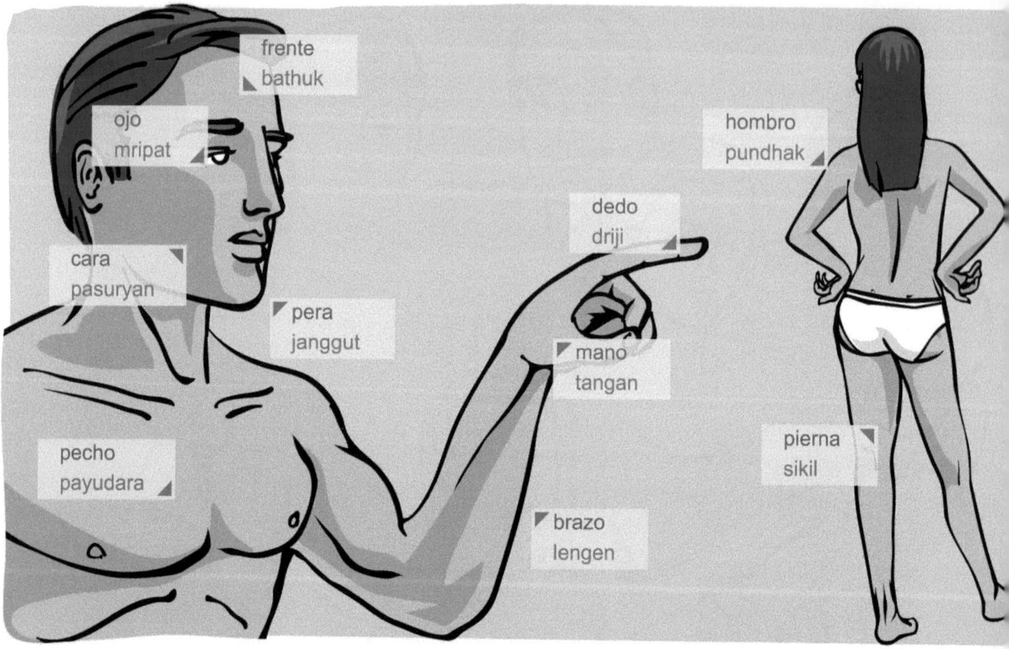

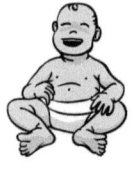

bebé

bayi

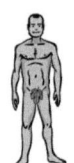

hombre

lanang

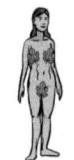

mujer

wadon

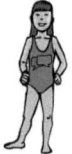

nena

bocah wadon

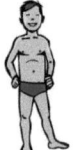

nene

bocah lanang

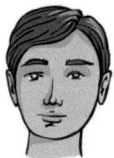

cabeza

sirah

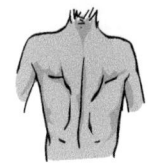

espalda

geger

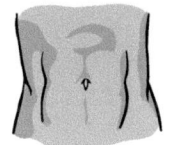

panza

weteng

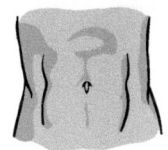

ombligo

puser

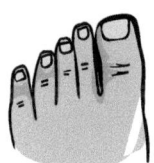

dedo del pie

driji sikil

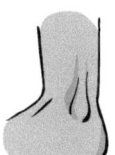

talón

tungkak

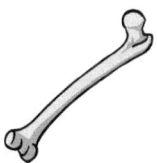

hueso

balung

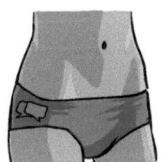

cadera

panggul

rodilla

dengkul

codo

sikut

nariz

irung

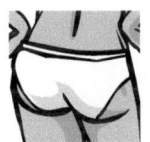

cola

bokong

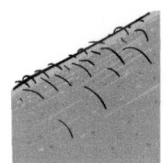

piel

kulit

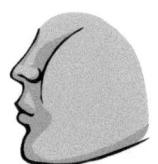

cachete

pipi

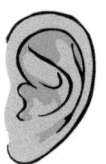

oreja

kuping

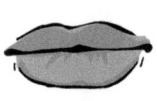

labio

lambe

cuerpo - awak

boca

lisan

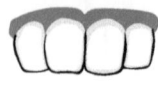

diente

untu

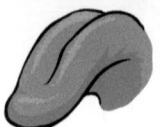

lengua

ilat

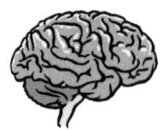

cerebro

uteg

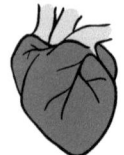

corazón

jantung

músculo

otot

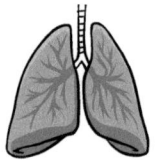

pulmón

paru

hígado

ati

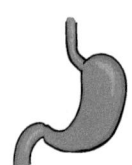

estómago

garba

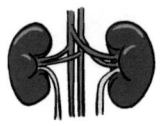

riñones

ginjel

sexo

sanggama

preservativo

kondom

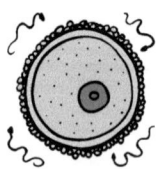

óvulo

ovum

semen

mani

embarazo

mbobot

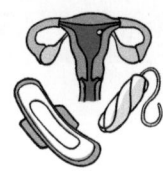

menstruación

haid

vagina

vagina

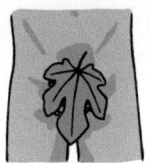

pene

zakar

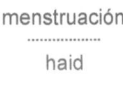

ceja

alis

pelo

rambut

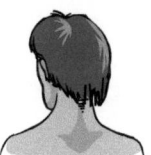

cuello

gulu

cuerpo - awak

71

hospital
griya sakit

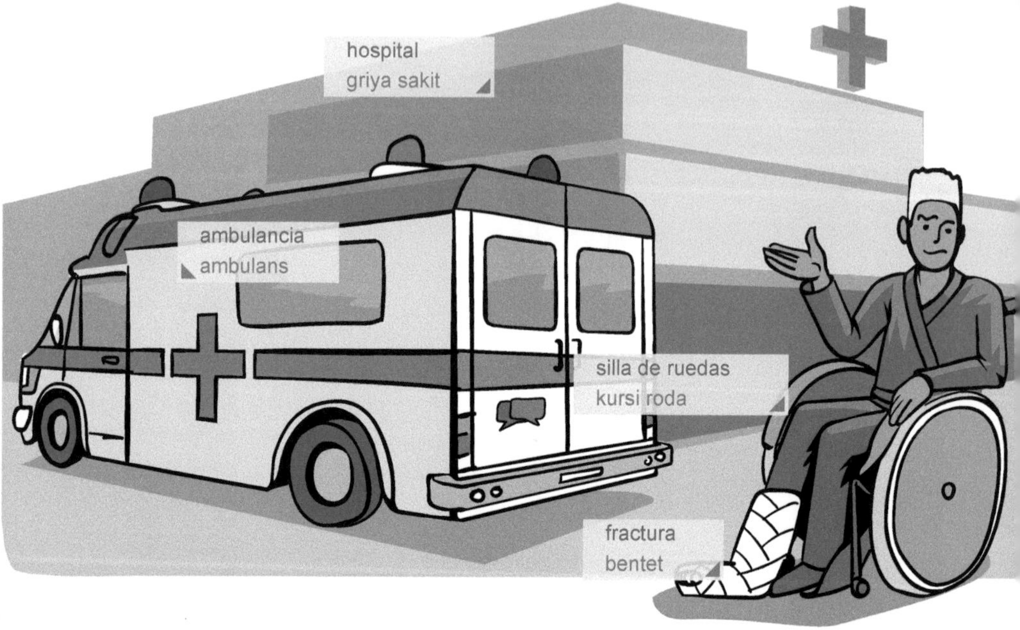

hospital
griya sakit
ambulancia
ambulans
silla de ruedas
kursi roda
fractura
bentet

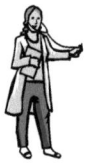

médico

dokter

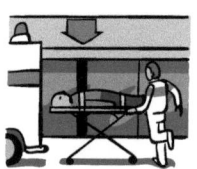

sala de guardia

kamar gawat darurat

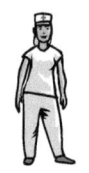

enfermera

perawat

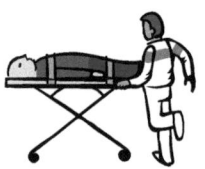

emergencia

dharurat

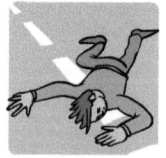

inconsciente

ora sadar

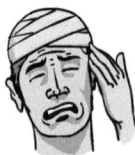

dolor

linu

lesión

tatu

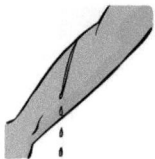

hemorragia

getihen

infarto

serangan jantung

ACV

setruk

alergia

alergi

tos

watuk

fiebre

ngelu

gripe

pilek

diarrea

diare

dolor de cabeza

mumet

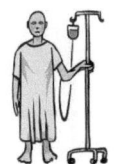

cáncer

kanker

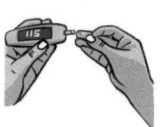

diabetes

diabetes

cirujano

ahli bedah

bisturí

lading bedah

operación

operasi

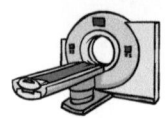

TC
CT

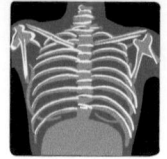

rayos x
sinar x

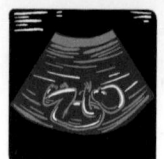

ecografía
USG

barbijo
masker

enfermedad
penyakit

sala de espera
kamar nunggu

muleta
pitulung

curita
perban

venda
perban

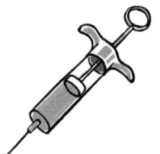

inyección
suntik

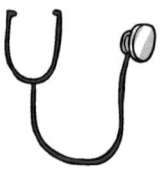

estetoscopio
stetoskop

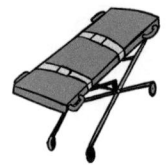

camilla
tandu

termómetro
termometer klinik

nacimiento
lair

sobrepeso
kalemon

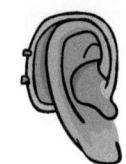

audífono
alat bantu dengar

desinfectante
disinfektan

infección
infeksi

virus
virus

VIH / SIDA
HIV/AIDS

remedio
obat

vacunación
vaksinasi

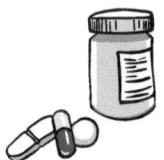

comprimidos
tablet

pastilla anticonceptiva
pil

llamada de emergencia
nomer telpon darurat

tensiómetro
ngukur tensi getih

enfermo / sano
lara / waras

¡Ayuda!

Tulung!

alarma

alarem

agresión

sergap

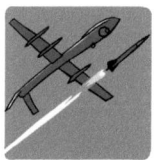

ataque

serangan

peligro

bebaya

salida de emergencia

lawang metu dharurat

¡Fuego!

Kobongan!

matafuego

alat mateni geni

accidente

kacilakan

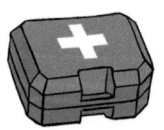

botiquín de primeros auxilios

pitulungan wiwitan

SOS

SOS

policía

polisi

Europa

Eropa

América del Norte

Amerika Lor

América del Sur

Amerika Kidul

África

Afrika

Asia

Asia

Australia

Australia

Atlántico

Atlantik

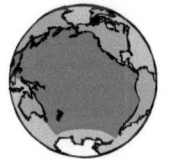

Pacífico

Pasifik

Océano Índico

Samudra Hindia

Océano Antártico

Samudra Antartika

Océano Ártico

Samudra Arktik

polo norte

Kutub Lor

polo sur

Kutup Kidul

Antártida

Antarktika

Tierra

bumi

tierra

daratan

mar

segara

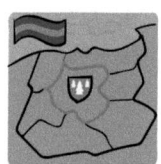

isla

pulau

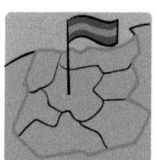

nación

bangsa

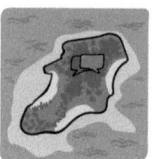

estado

negara

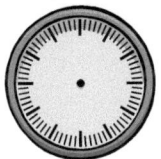

esfera

layar jam

manecilla de las horas

dom jam

minutero

dom menit

segundero

dom detik

¿Qué hora es?

Jam piro saiki?

día

dina

hora

wektu

ahora

saiki

reloj digital

jam digital

minuto

menit

hora

jam

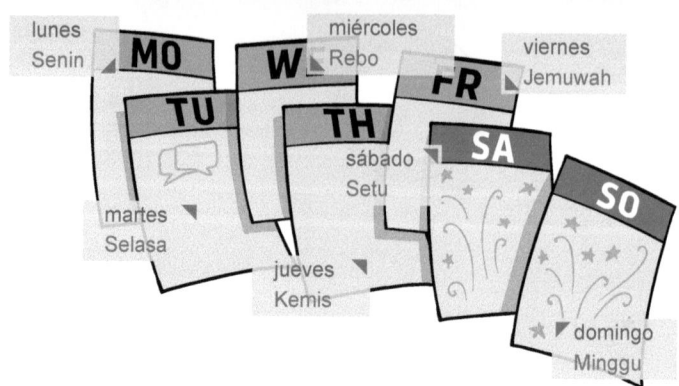

lunes
Senin

miércoles
Rebo

viernes
Jemuwah

martes
Selasa

sábado
Setu

jueves
Kemis

domingo
Minggu

ayer

wingi

hoy

saiki

mañana

sesuk

mañana

esuk

mediodía

awan

tarde

bengi

días hábiles

dina kerja

fin de semana

akhir minggu

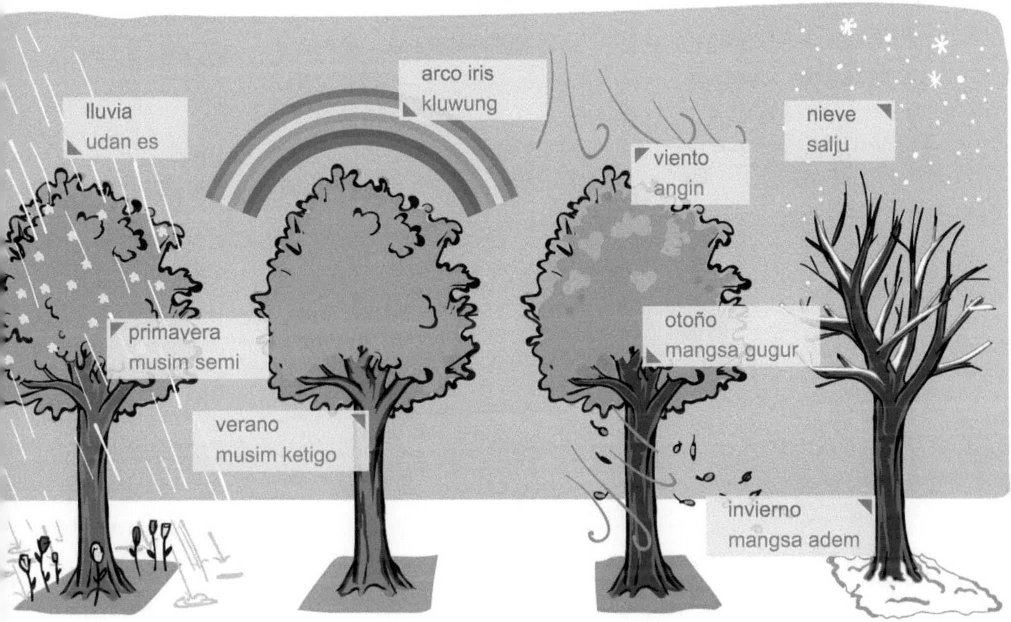

lluvia
udan es
arco iris
kluwung
nieve
salju
viento
angin
primavera
musim semi
otoño
mangsa gugur
verano
musim ketigo
invierno
mangsa adem

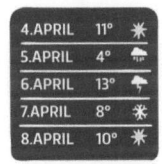

4.APRIL 11°
5.APRIL 4°
6.APRIL 13°
7.APRIL 8°
8.APRIL 10°

ronóstico meteorológico

ramalan cuaca

F
C
120
90
60
30
0
-30
40
30
20
10
0
-10
-20

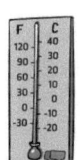

termómetro

termometer

luz del sol

srengenge

nube

mendhung

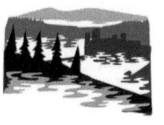

niebla

kabut

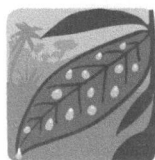

humedad

kelembapan

rayo
kilat

trueno
bledheg

tormenta
badai

granizo
udan es

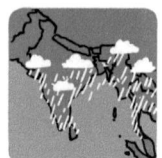

monzón
muson

inundación
banjir

hielo
es

enero
Januari

febrero
Februari

marzo
Maret

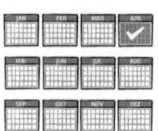

abril
April

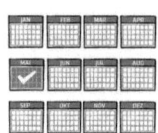

mayo
Mei

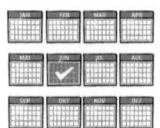

junio
Juni

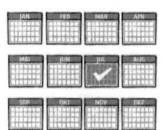

julio
Juli

agosto
Agustus

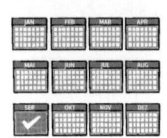

septiembre

September

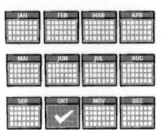

octubre

Oktober

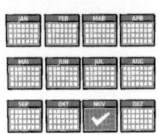

noviembre

Nopember

diciembre

Desember

formas
wangun

círculo

bunder

cuadrado

kuadrat

rectángulo

segi papat

triángulo

segi telu

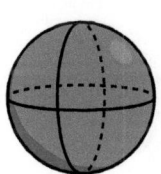

esfera

bal

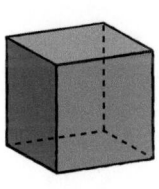

cubo

kubus

blanco

putih

amarillo

kuning

naranja

oranye

rosa

jambon

rojo

abang

violeta

ungu

azul

biru

verde

ijo

marrón

coklat

gris

abu-abu

negro

ireng

mucho / poco

akeh / sithik

enojado / tranquilo

nesu / kalem

lindo / feo

ayu / elek

principio / fin

pawitan / pungkasan

grande / chico

gede / cilik

claro / oscuro

padhang / peteng

hermano / hermana

sedulur lanang / sedulur wadon

limpio / sucio

resik / reged

completo / incompleto

pepak / ora pepak

día / noche

awan / bengi

muerto / vivo

mati / urip

ancho / angosto

jembar / sempit

comestible / no comestible

iso dipangan / ora iso dipangan

malo / amable

ala / becik

entusiasmado / aburrido

seneng / bosen

gordo / flaco

lemu / kuru

primero / último

pisanan / pungkasan

amigo / enemigo

kanca / musuh

lleno / vacío

kebak / kosong

duro / blando

atos / empuk

pesado / liviano

abot / enteng

hambre / sed

luwe / wareg

enfermo / sano

lara / waras

ilegal / legal

illegal / legal

inteligente / estúpido

pinter / bodo

izquierda / derecha

kiwa / tengen

cerca / lejos

cedhak / adoh

nuevo / usado

anyar / lawas

nada / algo

ora ana / ana

viejo / joven

tuwa / enom

encendido / apagado

urip / mati

abierto / cerrado

buka / tutup

silencioso / ruidoso

anteng / rame

rico / pobre

sugeh / mlarat

correcto / incorrecto

bener / salah

áspero / suave

kasar / alus

triste / contento

susah / seneng

corto / largo

cendhak / dawa

lento / rápido

alon / banter

mojado / seco

teles / garing

caliente / frío

anget / adem

guerra / paz

perang / tentrem

números

angka

0
cero
nol

1
uno
siji

2
dos
loro

3
tres
telu

4
cuatro
papat

5
cinco
limo

6
seis
enem

7
siete
pitu

8
ocho
wolu

9
nueve
songo

10
diez
sepuluh

11
once
sewelas

12

doce

rolas

13

trece

telulas

14

catorce

patbelas

15

quince

limolas

16

dieciséis

nembelas

17

diecisiete

pitulas

18

dieciocho

wolulas

19

diecinueve

songolas

20

veinte

rong puluh

100

cien

satus

1.000

mil

sewu

1.000.000

millón

sak yuto

inglés

basa Inggris

inglés americano

basa Inggris Amerika

chino mandarín

basa Cina Mandarin

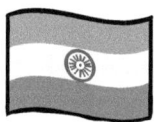

hindi

basa Hindi

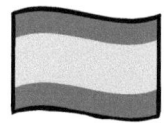

español

basa Spanyol

francés

basa Prancis

árabe

basa Arab

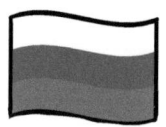

ruso

basa Rusia

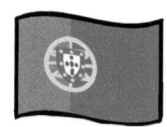

portugués

basa Portugis

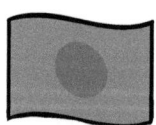

bengalí

basa Bengali

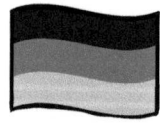

alemán

basa Jerman

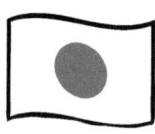

japonés

basa Jepang

yo

aku

vos

kowe

él / ella

dheweke

nosotros

kita

ustedes

kowe kabeh

ellos

dheweke kabeh

¿quién?

sapa?

¿qué?

apa?

¿cómo?

piye?

¿dónde?

neng endi?

¿cuándo?

kapan?

nombre

jeneng

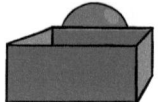

detrás

mburi

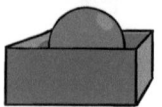

en

ing jero

adelante de

ing ngarep

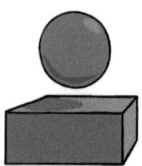

por encima de

ing dhuwure

sobre

ing

debajo de

ing ngisore

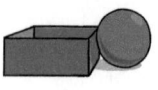

al lado de

sisih

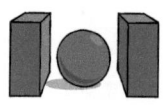

entre

antarane

lugar

panggonan